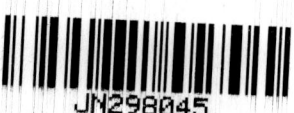

日本の文様ものがたり

京都「唐長」の唐紙で知る

唐紙師 トトアキヒコ

はじめに

「文様」には、祈りの風景が在ります。表層的な「デザイン」ではありません。
そこには、人々の祈りや願いが込められ、神さまが潜んでいます。

「文字は呪能をもつ」とは、漢文学者・白川静さんの言葉です。
「呪能」とは、文字が成立するときに人々が込めた「力」のことで、
それは数千年の時を経た今もひとつひとつの文字に宿ります。

文様の起源は、この文字の起源にもつながります。
どちらも呪術的な力を帯びて存在しているのです。この力は、一方は文字として、
一方は文様として、それぞれに異なる進化を遂げてきましたが、
そこに潜むものは共通しています。

神々や自然に対する人々の祈りを宿しながら、

歴史を刻んできた唐紙とその文様には、
心へと静かにはたらきかける「気配」のようなものがあります。
今回、ぼくが撮り下ろした板木と唐紙から、そのことが伝わればうれしく思います。

もうひとつ、ぼくがこの本で試みたことは、文様を世界的な視点で捉えることです。
日本の美意識は、西洋をはじめとする
さまざまな文化と融合することで育まれてきました。
文様の起源もまた、日本だけに帰するものではありません。
世界を駆け巡り、古今東西の人々の願いを宿してきた文様には普遍性があります。
だからこそ文様は、今なお美しく、そして「新しい」のです。
唐長文様を通して、世界とのつながりを感じていただければ幸いです。

唐紙師 トトアキヒコ

Preface

Mon'yō, or traditional Japanese motifs, are not merely patterned designs,
but are the embodiment of prayer. They contain the hopes and prayers of the people,
and the gods dwell within these images.

Shirakawa Shizuka, a prominent Chinese literary scholar and etymologist of sinograms, stated, "Chinese script contains the power of incantation," and this power being the force or energy imparted with the establishment of the character in question. Even today, after thousands of years, this force still dwells within each character.

The origin of *mon'yō* is connected with the origin of Chinese characters,
and both share the power of incantation. While this power evolved as two separate forms,
one language and the second pattern, they nonetheless share the common element
of being infused with this potential.

Instilled with humanity's prayers to the gods and nature, the motifs seen in *karakami* through time have an ambiance that quietly influences the heart and mind.
I hope to reveal this extraordinary power through my photographs of both *karakami* and the printing blocks used for *karakami* in this book.

One more thing I hope to accomplish through this book is to place *mon'yō* on a global stage.
Beginning with Western art, Japanese aesthetics
have been nurtured through a fusion with various cultures.
Motifs and their origins are not restricted to Japan. These patterns in which the prayers of all reside are universal, found in the past and in the present, in the East and in the West. For this reason, even today, Japanese motifs remain beautiful and perpetually "new". Nothing would make me happier than to have everybody sense this global connection through Karachō motifs.

Karakami artisan Akihiko Toto

contents

扉写真
「変わり観世水」の板木。
この板木を見るたび、
ぼくの唐紙は、水の神さまと
ともにあると感じます。

凡例

- 本書に掲載した唐紙は、すべて「唐長」の所蔵する板木によって摺られたものです。
- 各文様の名称・読み方は原則として「唐長」に伝わる通称を用いました。
- 唐紙を用いた作品は、すべて著者のトトアキヒコ制作のものです。合作の場合は作品名のあとに括弧で明記しています。

若松
大竹
梅の丸
枝桜
葵唐草
大牡丹
信夫の丸
枝紅葉
散り蓮華
吉祥草

第1章

植物文様

Botanical Motifs

若 松

Wakamatsu

《 不老長寿、神の依り代 》

Perpetual youth and longevity,
An object in which a sacred spirit temporarily resides

青々とした常緑の葉から、不老長寿の象徴とされた松。
なかでも若松は、これから伸びゆく若い松を表す縁起のよい文様。

The young pine tree, *Wakamatsu*, symbolizes perpetual youth
and longevity because of its evergreen leaves. *Wakamatsu* is an auspicious motif that
represents the future growth and maturation of young pine trees.

神を待つ

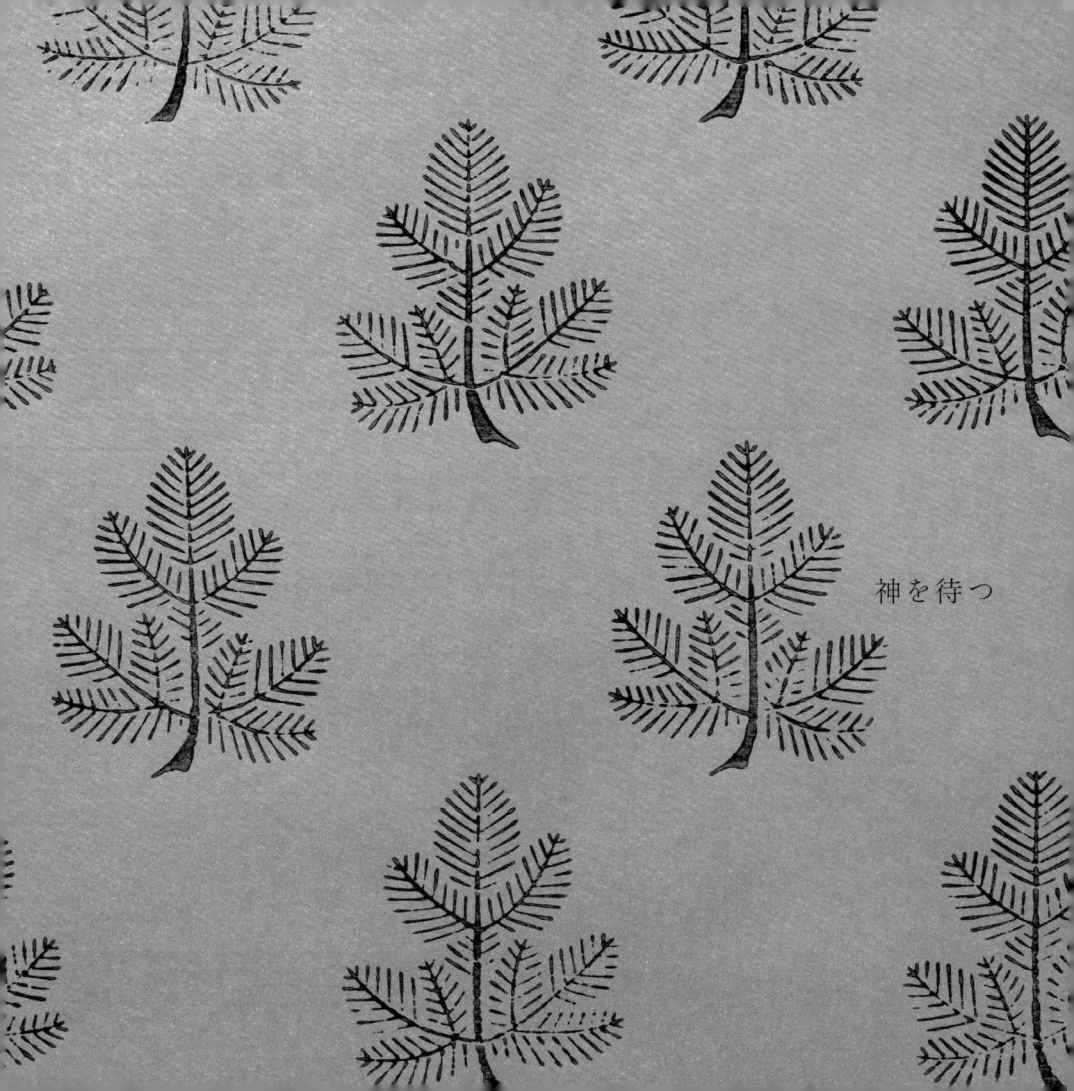

古来、神の依り代とされてきた松。

「マツ」という呼び名も、一説には神の降臨を「待つ」ことに由来するといいます。

正月を「松」で迎えるのも、そんな心持ちゆえのこと。
門松や松飾りは、新しい年の守り神「歳神様」が来臨するための目印となり、
そこに神霊が宿るものとされてきたのです。

能舞台の鏡板に描かれた松を、「影《よう》向《ごう》の松*」と呼びます。
「影向」とは、「神仏が姿を現す」ということ。
松にだけ冠されることを許されたかのようなこの言葉から、
日本人の松への特別な思いを感じます。
そして、松を意匠化したさまざまな文様が生まれ、そのどれもが
吉祥文様*として、親しまれてきたのです。

＊影向の松／能舞台で知られるが、各地の寺社にこの名を冠した老松がある。ルーツは、春日大社の参道脇に立つ老松で、
鎌倉時代の絵巻物『春日権現験記絵』にも登場する。
＊吉祥文様／縁起がよくおめでたいとされる動植物や事物を図案化した文様のこと。国によって異なり、日本では松竹梅や鶴などがよく知られている。

冬の風雪に耐えて美しい青葉を保つ松。
中国では、竹、梅とともに
「歳寒三友（さいかんさんゆう）」
として好まれた画題であった。

「枝桜」に「若松」の文様を重ねた唐紙
（株式会社茶々蔵／旧ボリビア領事館）。
モノトーン調の色合いなら、
季節を問わず愛でることができる。

〈二条城本丸の「御常御殿」〉
江戸時代末期に建てられた御常御殿（非公開）には、
唐紙が用いられた。文様は、唐長で
「大若松」とも呼ばれる若松文様のひとつ。写真：横山健蔵

《松林図屏風》 長谷川等伯
安土桃山時代　国宝　東京国立博物館蔵
霧に包まれた松林を大胆な筆致で描いた傑作。
まさに「影向の松」といった風情の老松が、
神の気配を感じさせる。Image : TNM Image Archives

大竹

Ōtake

《 成長、神の依り代 》

Growth, An object in which a sacred spirit temporarily resides

節と節のあいだに霊力を宿すとされる神の依り代。
数ある竹文様のなかでも、大竹は竹の力強さを感じさせる文様。

It is believed that divine spirits inhabit bamboo and that their miraculous power lodges in the hollow spaces between the nodes. Amongst various kinds of bamboo motifs, *Ōtake* is exceptional as it epitomizes the bamboo's strength.

天高く伸びゆく

あやしがりて、寄りて見るに、筒の中光りたり。
それを見れば、三寸ばかりなる人、いとうつくしうてゐたり。

——『竹取物語』より

竹から生まれたかぐや姫をめぐるこの幻想譚は、
平安の昔から、人々に親しまれてきた物語。
人々が竹に抱いてきた神秘的なイメージが映し出されています。

豊かに広がる地下茎と成長の速さ、みずみずしい常緑の姿、
風雪に耐える強靱さとしなやかさ——。
そうした竹の特性に人々は神秘性を感じ、
空高く伸びゆくその姿に、天との結びつきを見たのです。

竹林にて目を閉じ、葉のささやきに耳を澄ます——。
すると、確かに神は在るのだと知らされる思いがします。

その高潔な美しさから君子に
たとえられた竹。
梅、蘭、菊とともに「四君子」として
水墨画の画題に好まれた。

「細竹」は繊細で軽やかな文様。
生育の速い竹の姿に
子どもの健やかな成長への
願いを託して生活に取り入れるのもいい。

〈曼殊院の「竹の間」〉
現存する日本最古の唐紙
（1600年代）が今も残されている。
文様は「影日向大竹」。

梅の丸

Ume-no-maru

《希望、知らせ》

Hope, News

春寒のなかで花をつける百花のさきがけ。
希望や忍耐を表す吉祥文様として親しまれてきた。

Of the many flowers to bloom during the year, the plum is
the first to bloom in the cold of early spring. Symbolizing hope and patience,
there are various auspicious motifs that use the plum blossom.

希望に咲く花

耐雪梅花麗（ゆきにたえてばいかうるわし）　　——西郷隆盛「偶成」より

これは、明治維新を成し遂げた西郷が、
明治５年（1872）、甥の市来政直に贈った漢詩の一節。
多くの困難を経てこそ、大きな成功が得られることを
冬の風雪に耐えて花開く梅に託して詠んだものです。

「梅」の字の起源は「神への言《こと》祝《ほ》ぎ」。
祝詞《のりと》を収めた器を木の枝に結い、神前に掲げたことを表す文字だといいます。
梅は神託を授かるための依り代だったのです。

初春に静かに、そして芳しく咲く梅の花——。
それは、まさに神から届く希望の知らせです。

「梅花五福を開く」という禅語が
あるように、梅の花は5枚の花びらがそれぞれ、
福・禄・寿・喜・財の五福を示す。

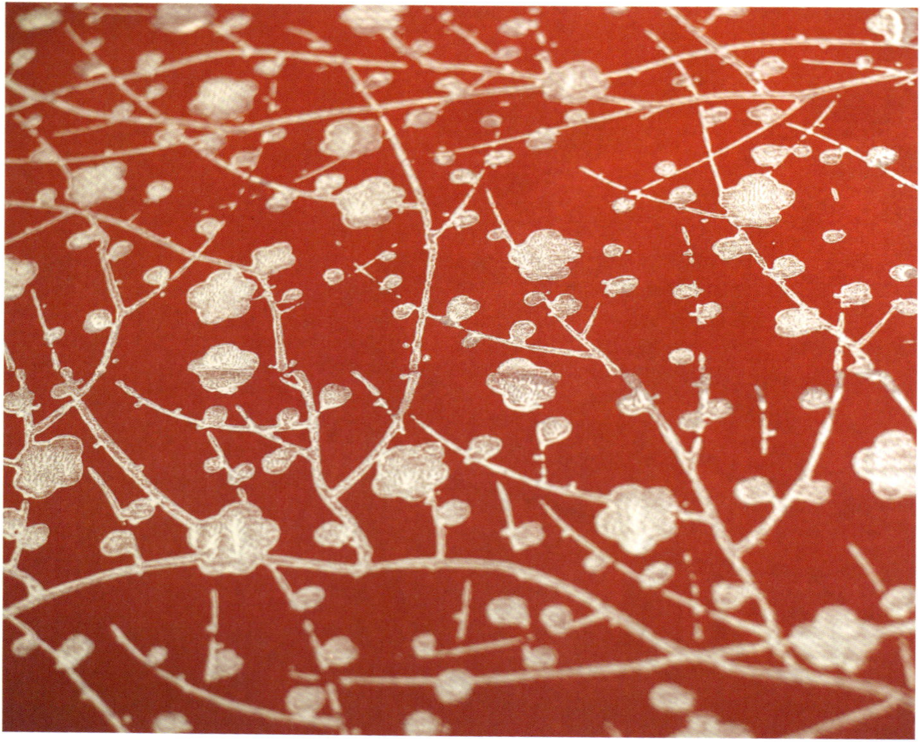

江戸の絵師・尾形光琳の名を冠する
唐長文様「光琳枝梅」。
梅の枝がのびやかにひろがりゆく世界は
まるで抽象画のよう。

《金銀泥四季草花下絵古今集和歌巻》より
本阿弥光悦書・俵屋宗達下絵
江戸時代　重要文化財　畠山記念館蔵
宗達の下絵をもとに金泥、銀泥を用いた料紙に、
光悦が筆をとった和歌巻。

枝桜

Eda-zakura

《 豊穣、神の依り代 》

Fertility, An object in which a sacred spirit temporarily resides

桜は、「山の神」がひととき座する場。
枝桜は、その桜を枝のままモチーフにした文様。

The mountain gods visit cherry trees to enjoy the blossoms.
The *Eda-zakura* motif represents cherry blossoms with branches.

山の神との宴

サクラの「サ」は「山の神」を意味します。
「サガミさま」とも呼ばれた山の神は、春になると里へ降り、
田の神となって、稲穂に宿ります。
この神が、山から里に降りゆく途中で「座する場＝クラ（鞍）」
とした神聖な木を、「サクラ」と呼びました。
桜の花は、そこに神が到着したことの証《あかし》なのでしょう。
神はそこでひとときを過ごし、田植えの始まりを待つのです。

今ぼくたちが、桜が咲いたと言っては集い、花見の宴を開くのも、
「サ」の神を信仰した農耕民族として、
その太古の記憶がからだのどこかに刻まれているからかもしれません。

咲きながらにして散りゆく桜。
その姿を愛でる心は、はかなさに美を見出す
日本人の感性を表しているかのようです。

靄(もや)のかかる明け方の空に舞い上がる桜を
表現した作品《朝靄に舞う
桜に宿る青》(トトアキヒコ・千田愛子作)。

葵唐草

Aoi-karakusa

《思慕、絆》

Yearning, Bonds

つながってゆくことを意味する文様。
双葉葵は、上賀茂、下鴨神社の両社の神紋でもある。

The hollyhock symbolizes bonds between people.
The crest of both the Kamigamo and Shimogamo Shrines in Kyoto is the *Futaba-aoi*, which is identical with this motif.

人、そして神とのつながり

古くは「あふひ」と綴られた葵。

「ひ」とは、神や太陽、生命力を表します。
葵は、「ひ」にめぐりあい、豊かになることを願う心の象徴なのでしょう。

そして、葵の字をかたちづくる「癸」には、
「道、方法」という言葉に通じる意味があります。
「道」とは、神への道、「方法」とは、神につながるための方法。

毎年、葵祭の日になるとぼくは、
「あふひ」とは「神と会う日」のことではないだろうか
と古《いにしえ》の京人の心に思いを馳せます。

太陽に向けて葉を傾けてゆく葵の葉。
その様子から、目上の人への敬愛を意味する
「葵傾(きけい)」という言葉が生まれた。

唐長文様「双葉葵」を用いた襖
（京下鴨 茶寮 宝泉蔵）。ハート形の葉が
やさしさを感じさせるこの文様は、
和のしつらいにも、現代のモダンな空間にもよく似合う。

〈葵祭〉
京の三大祭のひとつ、
葵祭では、社殿や御簾(みす)、
牛車、衣装のいたるところに
葵が飾られる。
写真：中田昭

大牡丹

Ōbotan

《富貴、天下無双》

Wealth and honor, Supreme ruler

幸せと富貴の象徴、また覇者の徴《しるし》として好まれた。
なかでも大牡丹はとりわけ雄大で華やかな文様。

Peonies have traditionally been preferred as a symbol of wealth and honor,
as well as the seal of a supreme ruler.
Of the different peony motifs, *Ōbotan* is particularly splendid and gorgeous.

芳しきそのふくらみに

「百花の王」と呼ばれるにふさわしい豊麗な花姿。

古くは宝相華文様*に取り入れられていた牡丹は、のちに牡丹文様として独立し、
鎌倉時代以降、武具甲冑を飾る文様として華麗に発展しました。
覇者の徴とされたことからとりわけ武士に好まれたのです。

大牡丹を用いた兜や甲冑を身にまとい、
刀の鍔《つば》にさえも見事な牡丹装飾を描かせた武士たちを思うとき、
ぼくは、己の死に対する彼らの強い覚悟を感じるとともに、
いついかなるときも美しくあろうとする
日本人らしい美意識をそこに見るような気がします。

戦乱の世に「美しく生きる」とは、
「美しく死す」と同義であったのかもしれません。

*宝相華文様／牡丹や蓮、柘榴（ざくろ）など、さまざまな花の美しい部分を組み合わせた、架空の花の文様。

立てば芍薬（しゃくやく）座れば牡丹……
のことわざがあるように、
牡丹は美しい人のたとえにも使われる。

まるでヨーロッパの壁紙を思わせる
唐紙「影牡丹唐草」。
線だけで描かれた文様は「影」を
冠する名で呼ばれることが多い。

〈金襴《きんらん》軍袍《ぐんぽう》(亀甲地文牡丹唐草金襴)〉
安土桃山時代　福岡市美術館蔵(黒田資料)
豊臣秀吉の軍師として知られる
黒田官兵衛の後継者・長政が甲冑の上から
陣羽織として着用したといわれる。

信夫の丸

Shinobu-no-maru

《 子孫繁栄、商売繁盛 》

Prosperity of descendants, Good business

信夫はシダの一種。葉裏に数多の胞子を抱えた姿と
繁殖力の強さから、子孫繁栄や商売繁盛を表す吉祥文様。

Shinobu is a fern. Since it is prolific with hundreds of spores on the undersurface of its leaves, *Shinobu-no-maru* is an auspicious motif symbolizing the prosperity of descendants and good business.

しのぶ姿に宿る呪の力

正月飾りなどにも使われる「裏《うら》白《じろ》」や「信夫」といったシダ類は、
葉裏にたくさんの胞子を抱えた姿や長く垂れ下がることから、
子孫繁栄や長寿、商売繁盛の象徴と考えられてきました。

また、蕨《わらび》は春の瑞兆として季語ともなり、愛でられてきました。
文様としての起源はとても古く、弥生時代の銅鐸や銅剣に見られ、
九州各地の壁画古墳では、描かれた蕨《わらび》手《て》文《もん》が発見されています。

春先に立ち上がり、力強く葉を開いてゆく蕨——。
古の人々はその生命力に願いを託して、
呪術的な力を感じさせる蕨手文を墳墓に描いたのかもしれません。

くるりと巻いた芽が愛らしい蕨。
「シノブ」「ワラビ」「ウラジロ」は、
植物学的にはそれぞれ異なる科に属するが、
文化的にはその区分は曖昧。

軽やかな清涼感のある唐長文様「信夫」。
昔も今も、襖や壁紙としてよく好まれている。
ぐるりと葉を巻いた「信夫の丸」(p48-49)は
装飾性が際立つモダンな文様。

蕨の文様は、和菓子や着物などの
意匠としても多く見られる。
写真は「光悦蕨」と「光悦蝶」を
組み合わせた料紙。

枝紅葉

Eda-momiji

《 長寿、変化 》

Longevity, Transformation

楓《かえで》が秋になり紅葉すると「紅葉《もみじ》」となる。
長寿や良縁の象徴として好まれてきた縁起のよい文様。

In autumn, as its leaves turn red, the Japanese for “maple tree” changes from *kaede* to *momiji*. This widely enjoyed auspicious motif symbolizes longevity, a successful marriage, and hopes for a positive transformation or transition.

落ちゆく枝葉の美

若々しい春の緑、生命力あふれる夏の深緑、そして秋には紅葉——。
移り変わる季節に応じて
見事に色を変える楓は、「変化」の象徴です。

「枝紅葉」文様は、幹から離れた紅葉を意匠化したもの。
落ちゆく葉に美しさ、そして、もののあわれを感じるのは繊細な日本人の心です。
流水と組み合わせるとよく知られた文様「竜田川」となりますが、
ぼくは、余白の美に惹かれるので、このまま用いるのを好みます。

余白はときに、描かれたもの以上に雄弁に何かを語りかけるものです。
この板木を見るたびにぼくは、余白や行間、
目に見えぬことに大いなる文脈や意味を感じるのもまた、
日本人の良さであるように思うのです。

「かえで」の語源は「かえるで」。
葉のかたちが蛙の手に
似ていることから名付けられたという。

着物や工芸、さまざまなところで
モチーフとされる紅葉。
唐紙では、あえて赤を避けると、
季節を問わず用いることができる。

2011年春、平和への願いを込めて
護王神社に奉納した作品
《イノチノヒカリ》(トトアキヒコ・千田愛子作／
京都・護王神社蔵)。

散り蓮華

Chiri-renge

《 浄化、繁栄 》

Purification, Prosperity

泥のなかから美しい花を咲かせる蓮は、「浄化」の象徴。
日本では、仏教文化の繁栄とともに多くの文様が生まれた。

The lotus is a symbol of purification since it emerges from the mire to bloom without a blemish.
With the rise of Buddhism in Japan, many lotus motifs were created.

泥池から咲く蓮華

葉の上をすべる露のはかない美しさ、
これから咲く花への期待を一身に受けながら、凜然と伸びゆく蕾、
そして、泥にまみれず美しい花を咲かせる蓮は、
「純粋」や「浄化」を表し、古来、世界各地で人々に愛されてきました。

古代エジプトでは、母なるナイル川に日が昇ると花が咲き、
日が沈むとつぼみ、翌朝また花開くことから、「永遠」や「繁栄」の象徴とされ、
古代インドでは、梵《ぼん》天《てん》は蓮華から生まれたと考えられました。
こうして、ロータス（蓮の花）の文様は、世界各地に伝播しましたが、
日本へは、仏教文化における蓮華文として中国からもたらされました。

一見、物足りなさを感じさせるような「散り蓮華」文様。
余白を生かして数少なく配置された、その加減がなんとも絶妙な文様です。
未完の美――。
ひとひらの蓮の花びらが、仏の存在をしずかに感じさせてくれます。

泥中から花を咲かせる蓮は、
世俗にまみれず清く生きることの象徴
とされた。京都・雲龍院にて。

「しふく刷り」(p184)で染めた和紙を用い、
蓮の文様に月を指で描いた《星に願いを——蒼天の月》
(コムサステージ銀座店蔵)。仏間など非常に
限定された場所にのみ用いられてきた蓮の文様に、
アートとして新しい場を切り拓いた。

吉祥草

Kichijō-sō

《 吉祥、祈り 》

Good omen, Prayer

めったに咲かないので、花が咲くとよいことがあるとされた
吉祥草の文様。「観音草」とも呼ばれる。

This motif represents *kichijō-sō*, or reineckea carnea. *Kichijō* means “good omen”,
and as the plant rarely blooms, people interpret its bloom as good fortune.
This motif is also called *kannon-sō*, which means the “plant of the Buddhist deity of mercy”.

観音讃歌

「花咲くと吉事が訪れる」といわれ、
暮らしのなかで人々に愛でられてきた吉祥草。
その花開くさまを意匠化した唐紙は、日々の吉事を願う
人々の気持ちから生まれたものなのでしょう。

「観音草」の別名とともに伝えられてきたこの唐紙に潜む美しさを
まざまざと見せつけられたのは、ある茶室でのこと。
壁面から天井に至るまで、この文様がアーチ状に用いられた空間を見たとき、
ぼくは、そこに観音様を見たのです。

それは、朝一番の澄んだ空気のなか、
蓮華王院の通路を歩いて視線を堂内へ向けて佇んだ、あの瞬間と同じものでした。

以来、この文様を見るたびに、
ぼくは、一千一体の千手観音を思い起こすのです。

《仏の海》 杉本博司　1995年　ゼラチン・シルバー・プリント

蓮華王院(妙法院)の三十三間堂には、一体の千手観音坐像(国宝)と千体の等身大の千手観音立像(重要文化財)が安置されている。《仏の海》は、この千体仏を美術家・杉本博司が撮影した作品。当時の貴族が思い描いた観音浄土が再現されているようだ。

第2章

風月万象文様

Motifs from Natural Phenomena

影 雲

Kage-gumo

《 豊穣、商売繁盛 》

Fertility, Good business

雨を呼ぶ雲は豊穣の象徴。また、雨が人の足を止めることから
縁を呼び込むとして、商売繁盛の文様とされる。

Clouds cause rain and thus represent fertility.
As rain delays people, this motif also represents good business, the delay associated
with the image of maintaining ties with people.

天と地をむすぶ白き雲

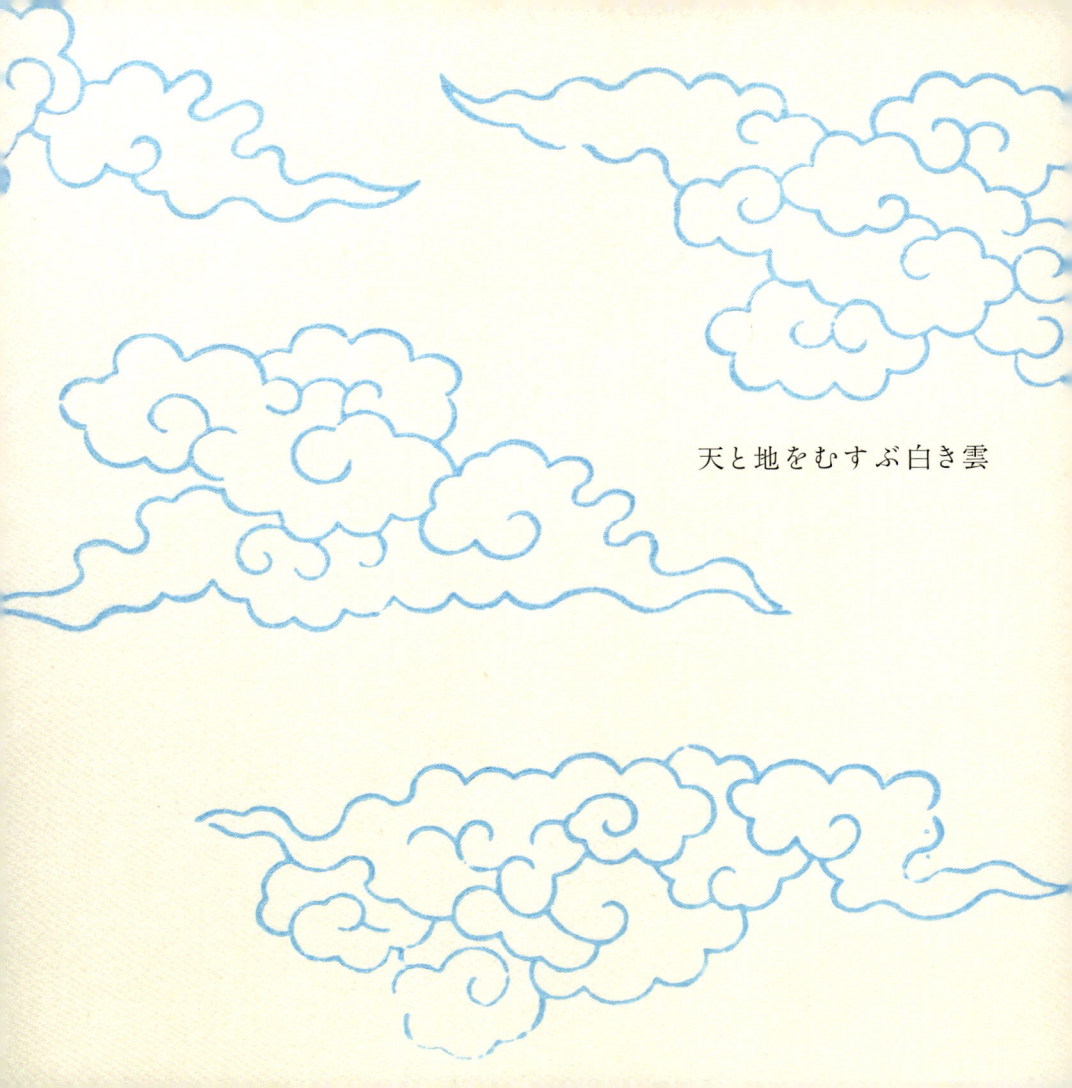

実りの雨をもたらす雲は、五穀豊穣のシンボルです。
さらに、雲から降り注ぐ雨が人の足を止めることから、縁をとどめる、
縁が集うなどと解釈され、商売繁盛の徴《しるし》としても好まれています。
豊穣、縁つなぎ、商売繁盛……。
つまり、雲はあらゆる人に、あらゆる状況で福を呼び込む、
文様界の〝スーパースター〟なのです。

雲に、神意を感じませんか。

見る場、見る時間、見る人の気持ち次第で、
森羅万象さまざまに形を変える雲は、まるで天からの便りのよう。
きらめく青空を見上げるとき、
ぼくは、そこに浮かぶ雲で世界中がつながっているように感じるのです。

古代中国では、さまざまに
変化する雲の色や形、
動きから吉事を占ったという。

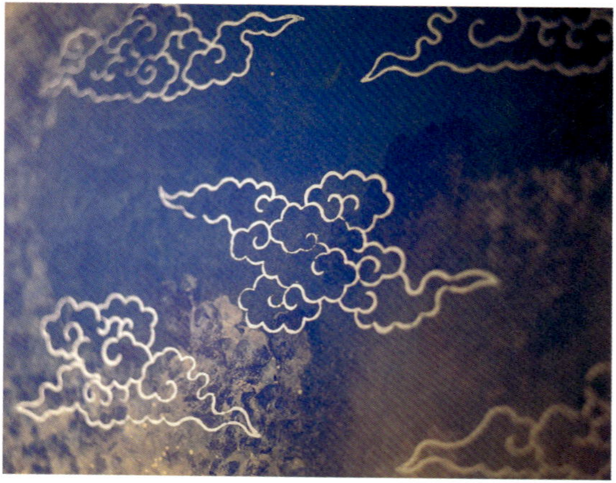

《美影》(個人蔵)という作品の一部に、「影雲」文様が用いられている。

唐長文様「飛雲」。「鬼雲」とも「小雲」とも呼ばれる。龍や鳳凰や鶴などを組み合わせて用いられることもある。

〈雲中供養菩薩像〉
のうち《舞う像(南20号)》
平等院時代後期　平等院蔵
平等院鳳凰堂中堂内部の
長押(なげし)上の小壁に
掛けられた〈雲中供養菩薩像〉。
52軀の菩薩はさまざまな
姿勢をとるが、いずれも
頭光を背負い、飛雲に乗る。
「南20号」は軽やかに舞う
姿から《舞う像》と呼ばれる。

唐長文様「天平大雲」は、
天平時代の仏教文化の
流れを汲(く)む瑞雲。

2004年12月、京都・四条烏丸に
オープンした「COCON KARASUMA：古今烏丸」。
ファサードに「天平大雲」を大胆に用いた
このショッピングモールは、今では
京都のランドマークのひとつになっている。

雪花散らし

Yuki-hana-chirashi

《 瑞兆、浄化 》

Good omen, Purification

雪は豊作の前兆を表す吉祥文様。
洗い清めることを「雪《そそ》ぐ」と言うことから浄化も意味する。

A sign of rich harvest, snow is an auspicious motif.
The Chinese character for snow, *yuki* 雪 in Japanese, can also be read as *sosogu*, which means “to cleans”, hence it’s also representing purification.

六角形の誓い

「雪持笹」「雪持柳」「雪輪」……
さまざまな雪文様のなかで、とりわけ美しいのはその結晶の文様でしょう。
天保時代に、雪の結晶を観察した『雪華図説』が出版されたことから流行し、
着物や小物、茶碗などに幅広く用いられました。

目に映ることと見えること、見ることは違います。
「見る」という強い意志から生まれた結晶の文様には、
何か大切なことが潜んでいるように思えてなりません。

雪の結晶は「六《りっ》花《か》」の異名をもちますが、
数年前、ノーベル化学賞受賞者であるプリゴジンについての記事を読んで以来、
ぼくは六角形というものに、特別な思いを抱くようになりました。
それは、物質はある条件下において、
美しい六角形を描く瞬間があるという内容だったと記憶しています。
難しいことや化学的な細かい説明はさておき、
「混沌から秩序が生まれる」ということに衝撃を受けたのです。
それから、ぼくは、六角形を「純然たる美」の象徴として、用いるようになりました。
六角形は、ぼくと天との誓いなのです。

〈ベントレーの
雪の結晶写真〉

1903-10年頃　個人蔵
ベントレーは、雪の結晶に魅せられたアメリカのアマチュア写真家。1931年に、2300種の雪の結晶写真を収めた写真集を出版した。

Bridgeman Images / アフロ

雪を花のように意匠化した
唐長文様「雪輪」。雪の文様では、
そのほかに、降り積もるさまを
表した「雪持文」が好まれた。

独自の技法「しふく刷り（p184）」で
染めた和紙に、「雪花散らし」を
うつしとった作品《美影》（個人蔵）。
雪の日の幻想的な光景をそのまま閉じ込めたような一枚。

細渦

Hoso-uzu

《輪廻転生、エネルギー》

Transmigration of the soul, Energy

古来、世界各地で伝えられてきた文様。
水紋のイメージと重ねられるが、本来はエネルギーの象徴。

This motif has been found throughout the world since antiquity.
While commonly associated with images of whirlpools or eddies,
it originally was a symbol of energy.

イノチノオトヲキク

「渦」には、「めぐるもの」の意味があります。

同心円を重ねた渦文様は、本来、エネルギーを象徴するものです。
渦をかたちづくる円は、「太陽」を表すと考えられ、
さまざまな信仰的精神を宿してきたのです。

渦に隠された「咼」という文字は、死者の骨がもたらす禍いを祓う古《いにしえ》の儀式に由来し、
数多の装飾古墳には同心円文様や円文様が描かれています。

始まりも終わりもなく、円を描き続ける渦——。
その果てしのないイメージは、輪廻や転生を想起させ
人々は、つづくことへの願いや祈りを託してきたのでしょう。

ある雨の日、美しき水紋の風景に心奪われ、はっとしました。
雨乞いの祈りの後に降り注いだ雨を描いたかのような「細渦」は、
雨降らす神、すなわち龍神を崇めた
祈雨豊穣の信仰を秘めた文様なのかもしれません。

雨降らす神とは、龍神のこと。
古くから日本には龍神信仰があった。

力をもつ神亀「龍亀」に「細渦」と
「九曜紋」をあわせて制作した作品
《ミズハ》（スリープクリニック銀座蔵）。

〈縄文土器〉撮影：岡本太郎
渦文様は、世界各地に存在する。日本でも
縄文時代から見られる文様。写真は
美術家・岡本太郎撮影の土偶と縄文土器。
岡本は縄文の美の再発見者でもあった。
写真提供：岡本太郎記念館

金地に白と金の「細渦」文様が、
光の加減ではかなげに
移ろう作品《ミズハ》。

右ページ　《接吻》
グスタフ・クリムト　1907-1908年
油彩、カンヴァス　オーストリア美術館蔵
絡み合う抱擁、歓喜の表情を浮かべる女性——。
一瞬、しあわせの絶頂に目を奪われるが、
その足下は、崖っぷちの死の世界。
衣装に描かれた渦と足下の花々が、それぞれ
生の力とはかなさを暗示しているかのよう。
Artothek / アフロ

光琳大波

Kōrin-ōnami

《 永続への願い、生のはかなさ 》

Perpetuity, Transitory briefness of life

江戸時代の絵師・尾形光琳の名を冠する文様。
波は途切れずにつづくことへの願いや、生のはかなさを表す。

This motif was named after the Edo-period painter, Ogata Kōrin.
The uninterrupted movement of waves represents hope for continuity,
as well as the transitory briefness of life.

万物を浄化する水の力

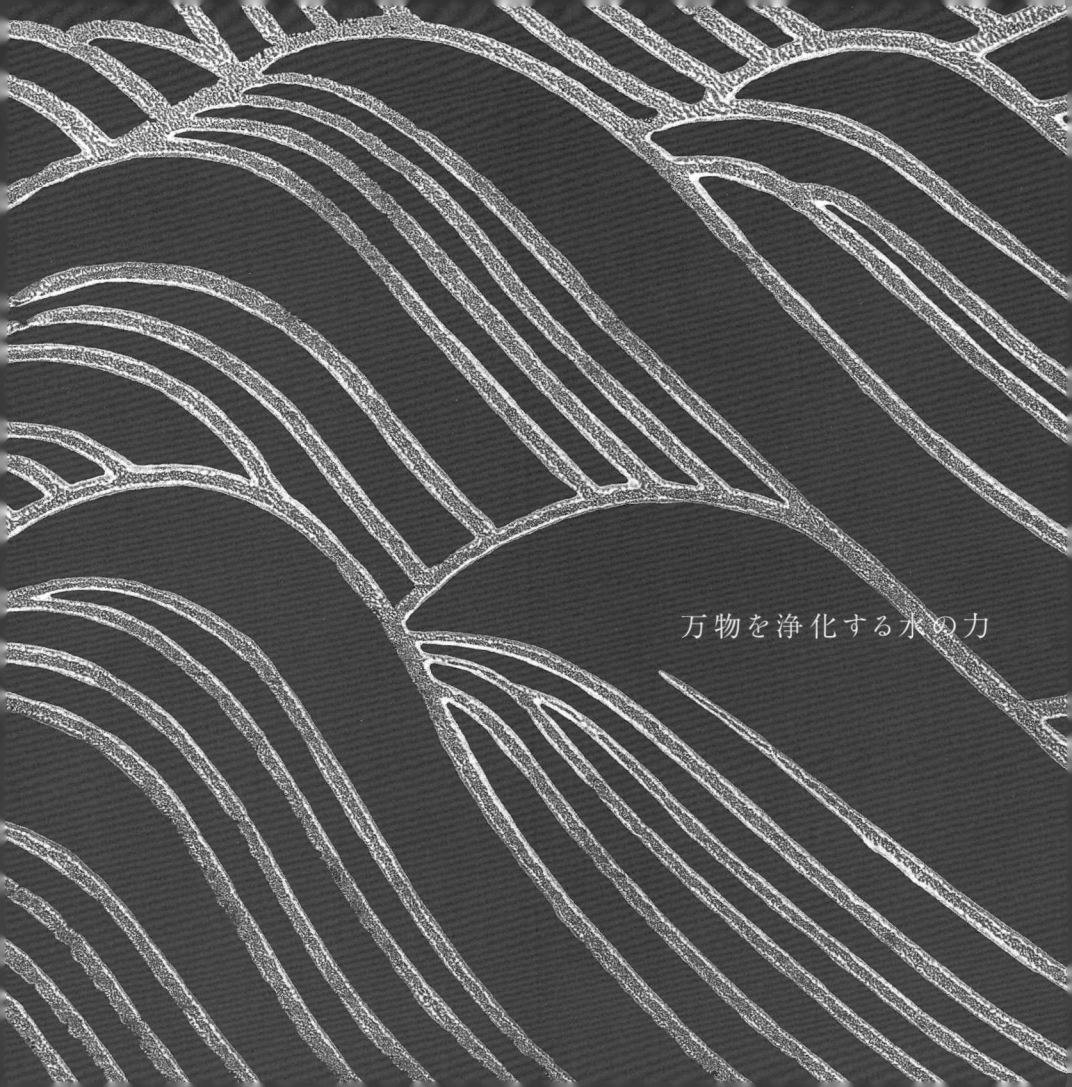

ゆく河の流れは絶えずして、しかももとの水にあらず。 ——鴨長明『方丈記』

無常観を表す『方丈記』の書き出しには、日本人の心を打つ響きがあります。
移ろいつづける水は「無常」や「はかなさ」の象徴です。
それと同時に、寄せては返す波や、流れゆく川は、
絶え間なく続くことへの人々の願いを映し出してきました。

水にまつわる文様は数多くあるなか、
「遠波」「さざ波」「稲穂波」「川の波」「荒磯」「波に鱗《うろこ》鶴《づる》」「青海波」……
唐長にはさまざまな波文様が伝えられてきました。

その板木を前にするとき、ぼくはいつも、水がもつ「変化の力」に思いを馳せます。

雨は大地を潤し、川となって海に注ぎ、やがて風にたなびく雲となり、
ふたたび地表に降り注ぐ。雲、雨、雪、霧、氷……。
水は、さまざまにかたちを変えつつも、常に大地を潤す力を内包しているのです。

変わらないために、変わりつづける——。
自然は、いつもぼくに大切なことを教えてくれます。

数ある唐長の波文様のなかでも、
ひと際目を引くのが「光琳大波」。
光琳の《八橋蒔絵螺鈿硯箱》(p99)に
描かれた波頭を省略したような文様で、
簡素化された意匠が力強い。

水色と紺色、ふたつの唐紙を組み合わせた作品
《tsugumi 青季道（あおきみち）》（個人蔵）。
水色の唐紙には「光琳大波」に「千鳥」と「月」、
紺色には四季の文様が用いられている。水に由来する唐紙は、
その空間を浄化し、調和すると考えられる。

《八橋《やつはし》蒔絵《まきえ》螺鈿《らでん》硯箱《すずりばこ》》
尾形光琳　江戸時代
国宝　東京国立博物館蔵
『伊勢物語』第９段の「八橋」
の場面を意匠化した
光琳蒔絵の代表作。箱の
外側には流水は描かれず、
箱の内側の底（写真）と蓋裏に
波紋が描かれている。
Image: TNM Image Archive

月と秋草

Tsuki-to-akikusa

《 変化、名残 》

Transformation, Parting

満ち欠けを繰り返す月は「変化」のシンボル。
秋草と組み合わさることで、「名残」を表す。

Passing through phases, the moon is
a symbol of transformation.
When paired with autumn grasses, it represents parting.

名残と望郷の秋草

満ちては欠け、日毎かたちを変える月は「変化」の象徴。
新月と満月のあいだを行きつ戻りつするなかで全ての命は育まれ、
やがて死を迎え、再び新たな生が誕生のときを迎えます。

伊邪那岐命《いざなぎのみこと》の左眼から天照大神《あまてらすおおみかみ》、右眼から月読命《つくよみのみこと》が生まれたと、
この国の創世神話が物語るように、
月は、古来、超越的な力をもつものとされてきました。
唐長に残された「月」の板木にも、ぼくは神秘的な光を感じます。

月とともに描かれる秋草図には、「下弦の月」が多いのはなぜなのでしょう。
満月の後、欠けてゆくのが下弦の月です。
満ちゆくものではなく、欠けゆくさまを文様化し、
やがて枯れる秋草を組み合わせているのです。
そこには、失せゆくもの、侘《わ》びや寂《さ》び、はたまた望郷といったものを感じさせる
何かが潜んでいます。月と秋草、それは「名残」を表しているのでしょう。

「月」と「兎」、「秋草」を
組み合わせた料紙。
唐長に伝わる「月」の板木も
下弦の月として用いることが多い。

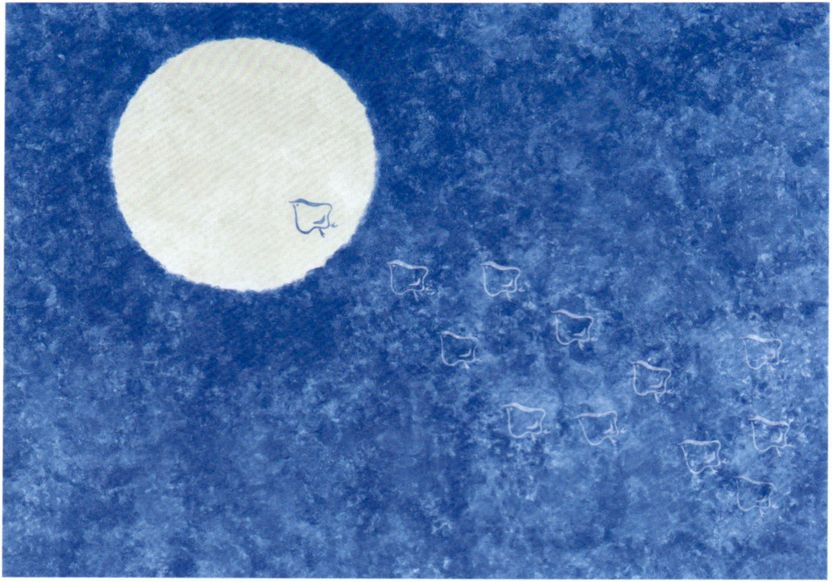

2010年、唐紙の芸術作品として
初めて美術館に展示された《inochi》
（部分、トトアキヒコ・千田愛子作）。
白く輝く光の玉は月のようでもある。
つらなる千鳥で生命のつながりが表現されている。
写真提供：MIHO MUSEUM

『アレコ』第1幕《月光のアレコとゼンフィラ》
マルク・シャガール　1942年　青森県立美術館蔵
第二次世界大戦中、アメリカに亡命したシャガールが
手掛けたバレエ『アレコ』の背景画の一枚。シャガールもまた、
輝く月に帰れぬ故郷への思いを託したのだろう。

2014年、相田みつを美術館で開催された
個展に出品された作品《季風（きふ）の道》。
「流水文様」を地に敷き、そこに「秋草」を配して、
陰影のゆらぎと余白の美を表現し、
画面左上に下弦の月を置いた。

《月に秋草図屏風》
俵屋宗達工房　江戸時代（17世紀中～後期）
メトロポリタン美術館蔵
まばらに配された秋草と黒い月。銀泥彩のこの月は、
かつては銀色に輝いていたのだろう。宗達工房の
作とされる屏風絵で、ここでも下弦の月が描かれている。

九 曜 紋

Kuyō-mon

《 祈り、祥瑞 》

Prayer, Good omen

9つの天体を神格化した神々を崇めるインド占星術に
起源をもつ文様。願いを叶える呪術的な力を宿す。

This motif originated in Indian astrology and
deifies nine heavenly bodies as divinities.
It has the miraculous power of granting people's wishes.

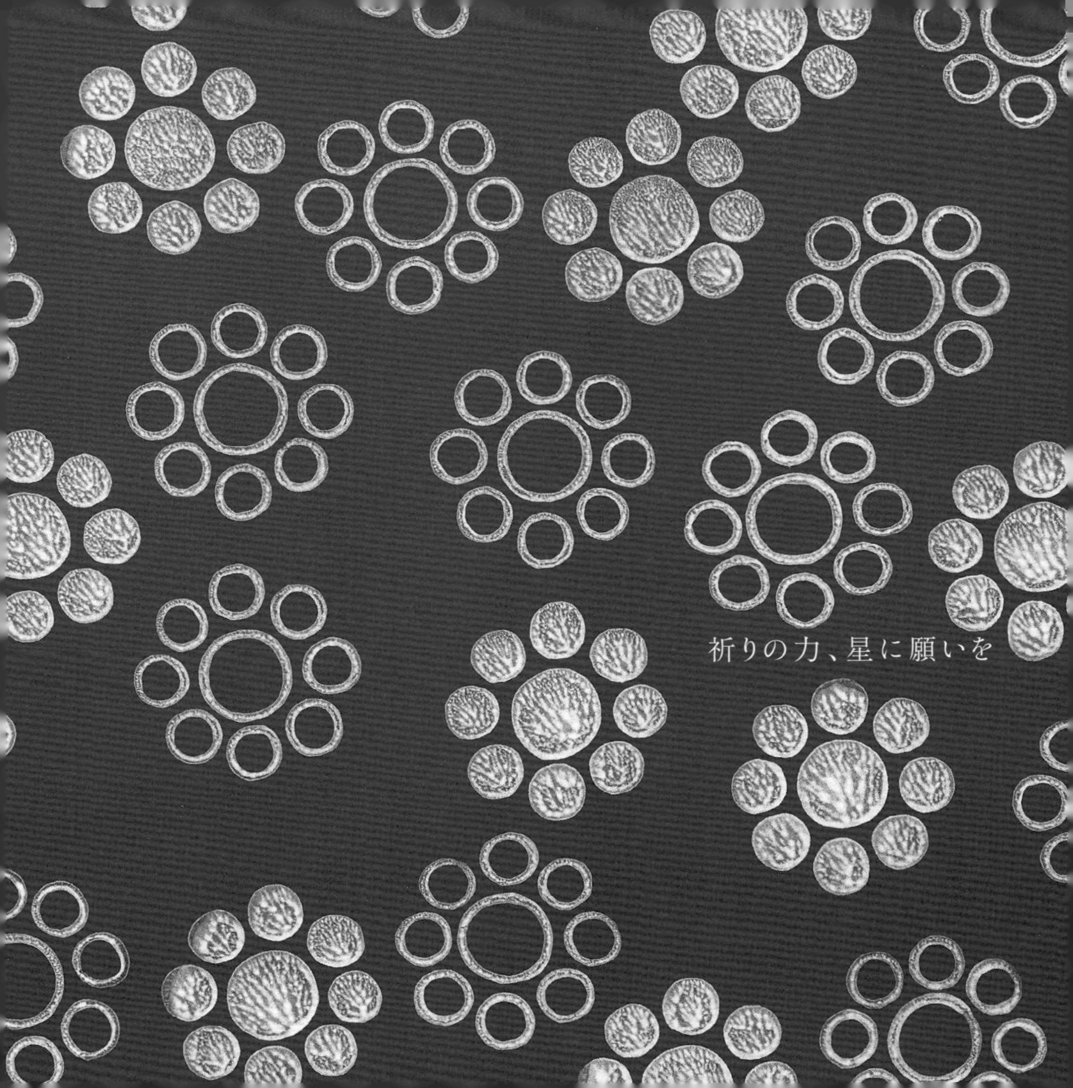

祈りの力、星に願いを

「九曜」とは古代インドの天文学における９つの天体のこと。
月曜から日曜までの七曜星に、羅睺《らご》星と計都《けいと》星を加えたもので、
吉事を占う占星術に用いられたことが起源です。
日本には、平安時代、空海によってもたらされ、真言密教と結びついて
「九曜曼荼羅《まんだら》」などが信仰されました。
九曜紋は、数千年にわたり、生きながらえてきた星の文様なのです。

数千年前の人々が祈りを捧げてきた星——。
今この時代も人々は星に何かを願い、誰かのために祈りを捧げています。
そして千年後の人々もその願いを星に託しているでしょう。

ぼくは、その変わらない人間の営みへのオマージュとして、
この九曜紋を取り入れた《星に願いを》という作品をライフワークとして
つくりつづけています。

2010年に京都・養源院に奉納した作品《星に願いを》。俵屋宗達の《唐獅子図杉戸》（p123／非公開）の隣に掲げられており、通常非公開。龍亀と丸龍、九曜紋で描いた北斗七星によって、世界平和への願いが表されている。

九曜紋と十字架を合わせた作品。
十字架は天と地、人間と人間、
過去・現在・未来の交わりを
表すモチーフとして、指で描いている。

〈九曜星本尊〉のうち《土曜星本尊》（非公開）
江戸時代　雲龍院蔵
京都・東山にある泉涌寺の別院・雲龍院には、
９軀の〈九曜星本尊〉が祀られている。星ごとに
本尊が定められており、写真の土曜星は聖観音。

唐獅子
丸龍
鳳凰丸唐草
小柄雲鶴
伏蝶八つ藤

第3章

動物文様

Animal Motifs

唐獅子

Kara-jishi

《魔除け、智慧》

Protection from evil, Wisdom

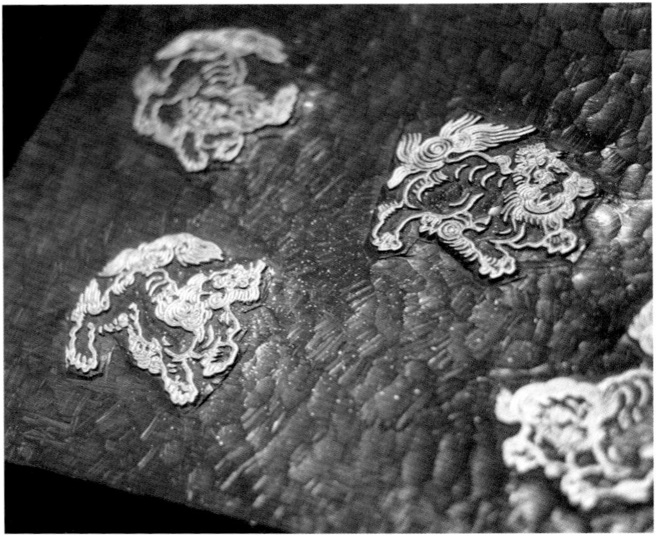

霊獣と崇められた獅子（ライオン）をモチーフとした文様。
仏教では智慧の象徴とされ、邪気を祓う力をもつ。

This motif is of an imaginary lion that is worshiped as a sacred beast.
In Buddhism, the Chinese Lion is a symbol of
wisdom with the power of warding off evil spirits.

神域に宿る霊獣の力

神社に足を運ぶと出会う一対の霊獣たち――。
聖域の邪気を祓う「狛《こま》犬《いぬ》」の起源は、百獣の王ライオンです。

エジプトやチグリス・ユーフラテス両河畔に栄えた古代文明の遺跡にも、
その勇猛な姿が刻まれていることからもわかるように、
ライオンは、古来、力や権威の象徴として崇められてきました。

そのライオンが獅子となったのは、中国でのこと。
中国古来の霊獣思想と交じり合い、羽や角をもつ「獅子」が誕生しました。
仏教においても重要視された獅子は、その頭で悪を食べてくれると信仰され、
「智」を司る文殊菩薩は獅子に乗る姿で表されます。

その後、中国の獅子が日本に伝来して「唐獅子」と呼ばれ、
さらに独自の変化を遂げて「狛犬」となりました。

神の声を求めて、一対の霊獣が守る神域を通り抜けるとき、
ぼくは声なき声に耳を傾けるのです。

寺社の入り口や本殿の左右に
置かれる「狛犬」。「吽形（うんぎょう）」の一角獣・狛犬と、
「阿形（あぎょう）」で無角の獅子が一対とされる。
京都・霊光殿天満宮にて。

獅子の巻き毛はとくに強い霊力を
もつと考えられた。巻き毛の文様を
「獅子毛」と呼び、炎のように
渦巻く毛をもつ唐獅子紋が誕生した。

《渡海文殊菩薩像》
鎌倉時代　金戒光明寺蔵
運慶の作と伝えられる
金戒光明寺の文殊菩薩。
江戸時代の書物では、
日本三文殊随一とうたわれ、
学業成就の霊験で知られる。
写真：水野克比古

《唐獅子図杉戸》
俵屋宗達　江戸時代（17世紀前半）
重要文化財　養源院蔵

《唐獅子図杉戸》(非公開)

俵屋宗達　江戸時代(17世紀前半)　重要文化財　養源院蔵

裏面に《白象図》が描かれたこの杉戸絵は通常非公開。

この隣に、《星に願いを》(p111)が掲げられている。

丸龍

Ganryū

《エネルギー、水の神》

Energy, Water god

古来、日本では水の神として信仰されてきた龍。
丸龍は、龍神のもつパワーを丸で封じ込めた文様。

The Japanese have worshiped dragons as water gods from ancient times.
In this motif, known as *Ganryū*,
the power of the dragon god is enclosed by a circle.

四神相応の都、京の東の守り神

龍は水を司る神。
日本では「龍神さま」として、人々の信仰を集めてきました。

龍の起源は、古代中国に遡ります。
龍、鳳凰、麒《き》麟《りん》、玄武を四神といい、天の使いとして崇められた霊獣です。
なかでも龍は、皇帝のシンボルとして権威をもつ文様となりました。
龍文様は、日本ではとりわけ武家に好まれました。
皇帝や武士といえども、孤独や苦悩、悲しみを背負うひとりの人間。
龍を身にまとうその心の裏には、
大いなる力に庇護されたい、という願いがあったのでしょう。

京都は「四神相応の都」。
東に青龍（鴨川）、西に白虎（山陰道）、南に朱雀（巨椋池）、北に玄武（船岡山）を
配することから、平安京が置かれたといいます。
京都が今なお、底知れぬ力で世界中の人々を魅了しているのは、
千年の時を超えてなお、四神たちの守護を得ているからかもしれません。

古来、滝が
流れるさまに人々は、龍が
駆け上がる姿、はたまた
突き降りて来る姿を重ねてきた。
京都・出雲大神宮の
御蔭の滝にて。

2年半の歳月をかけ、
養源院の重要文化財・俵屋宗達《松図》の
修復を手がけた（2011年12月完成）。写真は右2面が
松図の裏面、左側は唐長の先祖の手による唐紙が
貼られた襖。右側は、緑青の地色に
金色の丸龍という当初の状態に修復したもの。

龍はエネルギーの象徴。
「丸龍」は、その渦巻くパワーを
丸に封じ込めた文様。

《雲龍図》
狩野探幽　江戸時代　重要文化財　京都･妙心寺蔵
妙心寺法堂の高さ13mの天井鏡板に描かれた龍。
狩野派の絵師･探幽が8年の歳月をかけて完成させた。
円の中心に龍の目が来る卓抜した構図。

鳳凰丸唐草

Hō-ō-maru-karakusa

《繁栄、調和》

Prosperity, Harmony

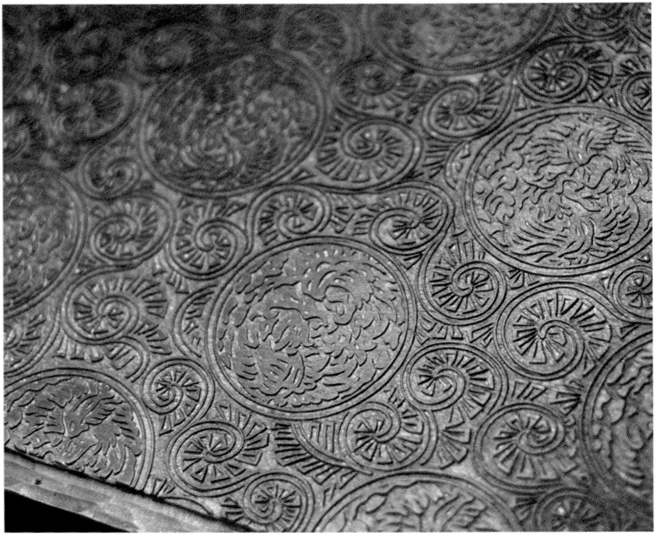

中国の神話に起源をもつ伝説の瑞鳥。番《つがい》の鳳凰に
唐草を組み合わせたこの文様は、繁栄と調和、その永続を表す。

The phoenix is a legendary bird that originated
in Chinese myth and symbolizes good luck. The brace of Chinese phoenixes combined with
arabesque patterns represents prosperity and harmony, as well as their perpetuity.

願いを運ぶ、風の神

梧桐《あおぎり》にのみ棲み、竹の実しか食さず、醴泉《れいせん》しか飲まないとされる霊鳥「鳳凰」。
古代中国では、聖人が帝位に就くときに現れるとされ、
その姿は「百鳥の長」の名にふさわしい気高さに満ちています。

古来、鳳凰は、風の神であると考えられてきました。

風は、その存在を目でとらえることのできぬもの。
風は鳥が運ぶもの、あるいは、風が目に見えるかたちで表れたのが鳥である、
と考えられたようで、甲骨文字では、「風」も「鳳」も、
神聖な冠飾りをつけた鳥の姿として同じように描かれています。
中国から伝来した鳳凰は、古《いにしえ》の人々の目に、
まさに風神の姿に見えたことでしょう。

ぼくは、鳳凰の唐紙を用いるとき、いつもそこに願いを込めます。
そして、その祈りは鳳凰の羽ばたきにより天へと届くのだと信じています。

〈甲骨文字〉
「風」を表す甲骨文字（書：宇敬）。風は鳥が運ぶものと考えた古代中国では、「風」という文字は「鳳（おおとり）」の形で表された。

「鳳凰丸唐草」の料紙に金泥で
経を写したもの（写経：宇敬）。
文様と文字との調和が美しい。

《八方睨み鳳凰図》
葛飾北斎　江戸時代　岩松院蔵
北斎がその最晩年、88歳から89歳にかけて
描いたといわれる天井画。鳳凰の孤高と
凄みが見事に表現されている。

小柄雲鶴

Kogara-unkaku

《吉祥、平和》

Good omen, Peace

中国神話の霊鳥・鶴が、延命の瑞草をくわえたさまを表した
「松《まつ》喰《ばみ》鶴《づる》」に「飛雲」を組み合わせた吉祥文様。

This auspicious pattern combines clouds with *matsubami-zuru*,
the latter being a motif of a crane,
a mythical Chinese bird, holding a sacred medicinal grass for extending human life.

世界をつなぐ花喰鳥

仙人を乗せて空を飛び、延命の瑞草をくわえて運ぶ鳥——。
中国古代の神仙思想*で瑞鳥と考えられた鶴のことです。

一方、古代イランのササン朝には、花をくわえた「花《はな》喰《くい》鳥」文様がありました。
それが、シルクロードを経て中国へ伝わり、
日本にもたらされて、松の枝をくわえた鶴「松喰鶴」となったのでしょう。

何かをくわえた鳥として、もっともよく知られているのは、
旧約聖書の「ノアの方舟」に登場する鳩。
オリーブの葉をくわえて飛来したことで、大洪水が引いたことを人々が知った
というこの話から、キリスト教社会では、
古来、オリーブの葉をくわえた鳩は平和の象徴となってきました。

西の世界では鳩とオリーブ、東の世界では鶴と瑞草、あるいは松——。

松喰鶴の文様を見るたびに、ぼくは、世界はつながっていること、
そして人々の願いの普遍性に思いを馳せるのです。

*神仙思想／不老長寿の人間、つまり仙人の実在を信じ、仙術によって自らも仙人になろうと願う古代中国の思想。

「松喰鶴」に「飛雲」を
組み合わせた作品(季譜の里蔵)。
「松喰鶴」は、数多の吉祥文様のなかでも、
ひときわ縁起のよいもの。

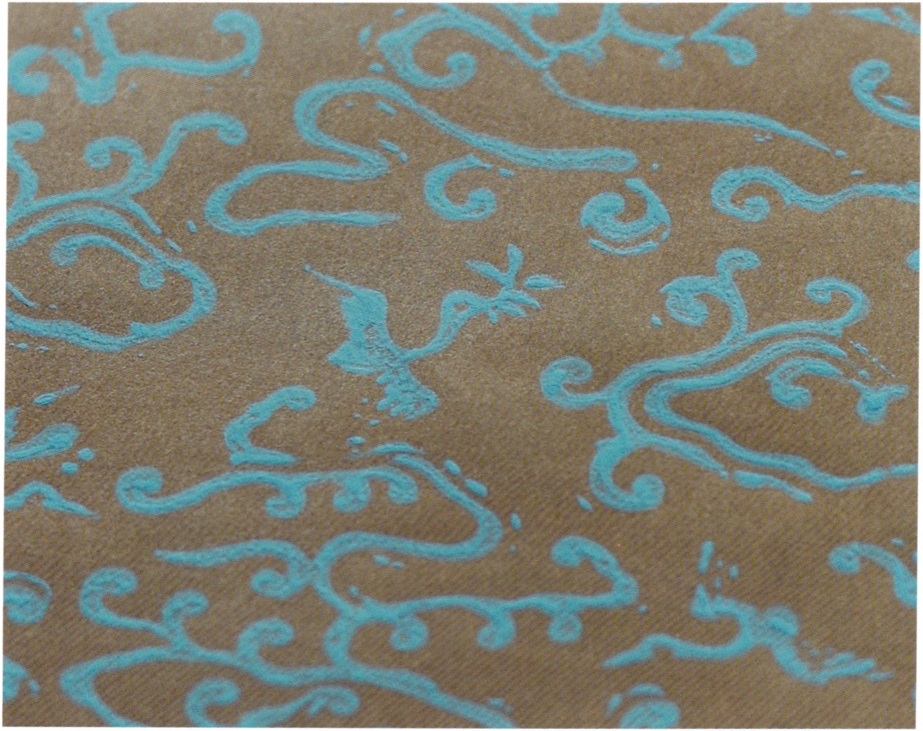

銅色の和紙に水色で
「小柄雲鶴」をうつしとった唐紙。
明るい水色が軽やかな印象で、
場所を選ばず使える色合わせ。

《青い鳩》
パブロ・ピカソ　1961年　個人蔵
幼い頃から鳩を愛し、生涯のモチーフとしたピカソ。この作品は、故郷スペインが独裁政権下にあった頃に描かれた一枚。

伏蝶八つ藤

Fusechō-yatsufuji

《 長寿、復活 》

Longevity, Resurrection

平安時代には公家装束などに好まれた伝統的な文様。
蝶は中国や日本では長寿、西欧では復活のシンボルとされる。

This traditional motif was often used in the robes
of the Heian-period court nobility. Butterflies symbolize longevity
in China and Japan, but resurrection in Europe.

舞い来るよき報せ

「蝶」は中国では「ディエ」と読み、
80歳を意味する「耋」の音に通じることから、長寿の象徴とされました。
一方、古代ギリシャでは、蝶はプシュケ（Psyche = 霊魂）の化身で、
エロス（Eros = 愛）の炎に焼かれたのち、復活すると考えられていました。

また、「蝶」という字が虫偏に「枼（葉の古い字体）」と書くように、
葉っぱのように薄い翅《はね》でひらひらと舞う蝶は、はかなさのシンボルでもあります。

はかなさ、長寿、霊魂……。さまざまな意味を付されてきた蝶ですが、
ぼくは、アトリエの庭で舞う蝶を見かけるたびに、
それを何かの兆しだと考えるようにしています。
神さまは、いつも、その人に必要なタイミングで、必要なメッセージを
さまざまなかたちで知らせてくれるのだと思います。
いついかなるときも、その大切な声に気づく自分でありたいと願っています。

「流水」紋を敷いた地に「光悦蝶」と
「蓮華」を用いた作品（愛メディカ蔵）。
生のはかなさとその再生が表される。

角つなぎ
南蛮七宝
輪宝七宝
花鳥立涌
剣唐花散らし

第4章

幾何学文様 その他

Geometric Motifs, etc.

角つなぎ

Kaku-tsunagi

《 変化、繁栄 》

Transformation, Prosperity

組み紐にルーツをもつ文様。紐と紐が上下を繰り返しながら組まれ、
結びが連なるそのさまから、変化や繁栄を表す。

This motif originates in *kumihimo*, which are plaited cords now normally used as a *kimono* accessory.
During *kumihimo's* knotting process, multiple cords are repeatedly stacked over each to form a line of knots. The continual shift of the cords during this procedure is what provides the motif's meaning of transformation and prosperity.

結び目がもつ神秘の力

いくつもの結び目が組み合わさり、無限につながっていく「角つなぎ」。
組み紐にルーツをもつとされ、
古くは数千年前から人々と関わりをもってきた文様です。
古代ヨーロッパでは、ケルト文化が数多くの組み紐文様を生み出しました。

紐を組み、結ぶその行為に、ぼくは神の存在を感じます。
日本でも、「しめ縄」や「土俵縄」などは、神域の結界。
「結び」は、天地万物を生み出す「産《むす》霊《ひ》の神」に由来する言葉であるといいます。
ケルト文化においても、結び目は聖なる力をもつと考えられたのでしょう。

西の果て、アイルランドに残るケルトの組み紐と
東の果て、日本に伝えられる「角つなぎ」――。
時代、国、民族、すべてを超えて存在するこのふたつの文様に、
ぼくは、圧倒的な神秘の力を感じるのです。

《不空羂索《ふくうけんさく》観音立像》
天平時代
国宝　東大寺蔵
東大寺法華堂の本尊。
左手に「羂索」と
呼ばれる縄を携え、その縄に
よってすべての人々を救う
菩薩として、天平の昔から
信仰を集める。衆生救済の
象徴とされる「羂索」もまた、
古今東西、縒(よ)り合わせた
縄や紐には、神仏の力が
宿ると考えられてきたことの
証(あかし)のひとつだろう。

「角つなぎ」の装飾パネル（医療法人　仁愛会
川村産婦人科蔵）。反復を繰り返すこの文様には、
子孫繁栄の願いも込められており、
所蔵先の産婦人科では入院用の部屋に飾られている。

〈ケルトの組み紐文様〉

『ダロウの書』(ダブリン・トリニティカレッジ図書館蔵)は、7世紀に制作されたアイルランド様式の装飾写本。古代ケルト文化から受け継がれた組み紐文様が数多く登場する。

Super Stock / アフロ

南蛮七宝

Nanban-Shippō

《吉祥、縁つなぎ、祈り》

Connection, Prosperity, Prayer

円と星、あるいは花や十字架にも見えるこの文様は、
しあわせが四方へとつながることを意味する吉祥文様。

This motif raises images of circles and stars, or flowers and crosses.
This auspicious pattern symbolizes
the diffusion of happiness in various directions.

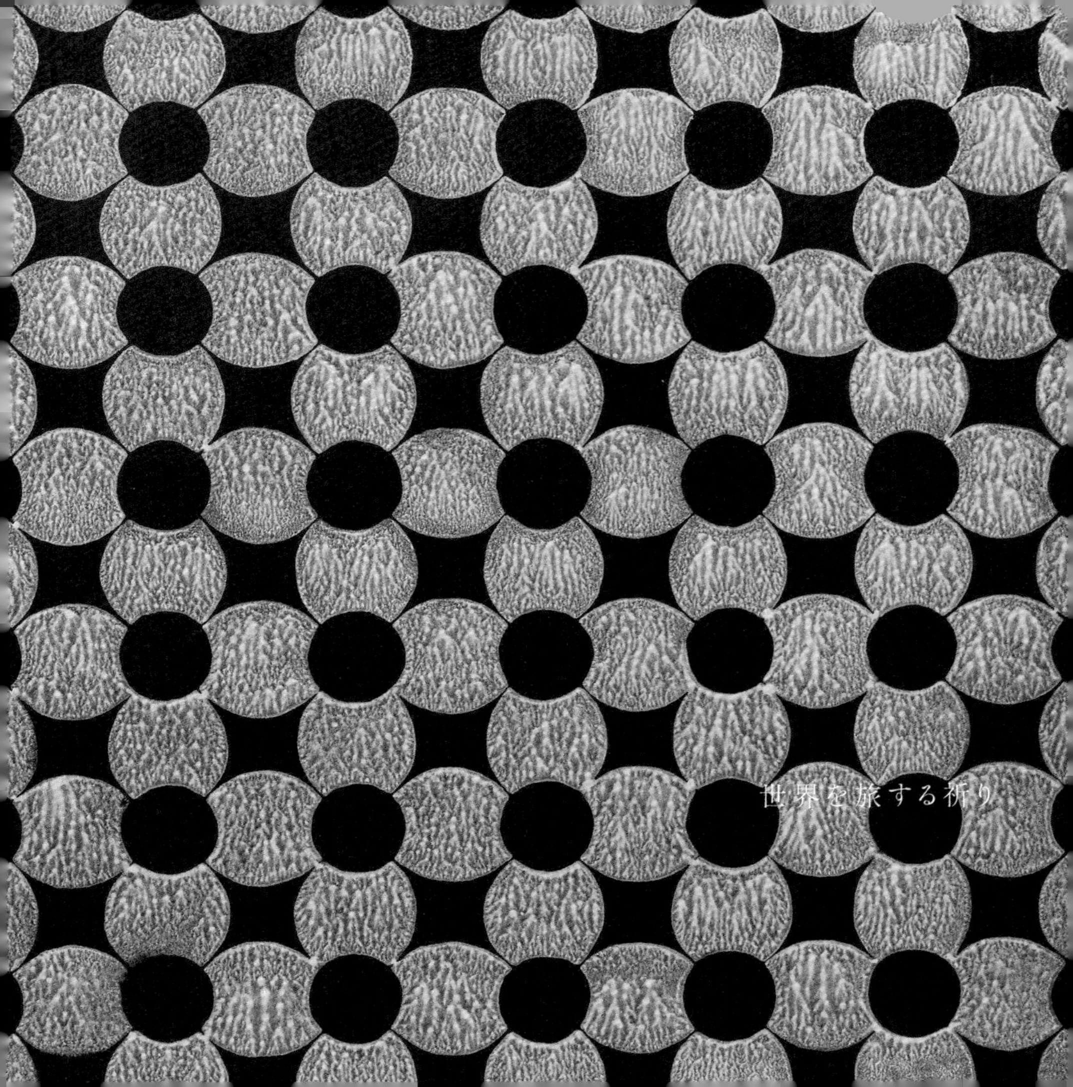

世界を旅する祈り

「南蛮七宝」は、その名の通り「七宝*」文様のひとつとして、
先祖代々、唐長に伝えられてきました。しかし、ぼくはこの幾何学的文様に、
「変わり七宝」の枠に収まらない奥深さを感じていました。
南蛮七宝文様をよく見ていると、そこに十字架が浮かび上がってくるのです。
そして、この文様の起源は、南蛮貿易の頃、宣教師らが身につけた衣服やマント、
ロザリオなどにある、という説から、ぼくはある想像をふくらませます。

多くの宣教師の故国スペインには、
国土の大半がイスラム教徒の支配下に置かれた時代がありました。
イスラムの戒律から偶像崇拝を禁止されたキリスト教徒らは、
十字架をイメージした幾何学文様をあみ出し、
それを身につけることで、ひそかに信仰を貫こうとしたのかもしれない……。
その後、大航海時代を迎え、命を賭する覚悟で布教の旅に出た宣教師らは、
神の加護を祈りつつ、十字架の文様をまとったのではないか……。
宣教師らは十字架の文様に守られながら、海を渡ったのでしょう。

西から東、東から西へと世界を駆け巡る文様は、
巡り巡って、今なお旅をしつづけているのです。

＊七宝／仏教では、金、銀、瑠璃、玻璃、珊瑚、瑪瑙（めのう）、硨磲（しゃこ）の7つ（諸説あり）の宝物のこと。

〈ゴシックの聖堂〉
12〜15世紀にかけて
ヨーロッパに広まった
ゴシック建築では採光部の
フォイル（葉状のくり形）に、
「南蛮七宝」との
共通性が見られる。
写真はポルトガルの
バターリャ修道院。
Alamy / アフロ

円と星、あるいは花や十字架など、
色づかいや見る角度によって
見え方の変わる「南蛮七宝」文様。

数ある唐長文様のなかでも、
ひときわポップでモダンな雰囲気をもつ文様。
唐紙としてインテリアに取り入れるだけでなく、
バッグや小物にしても人気が高い。

輪宝七宝

Rinpō-shippō

《 縁つなぎ、打破 》

Connection, Destruction

「縁つなぎ」を表す吉祥文様とされる「七宝」に、
「輪宝」という仏教法具を組み合わせた文様。

This pattern combines *rinpō*, a Buddhist altar fitting, with an auspicious motif called *shippō*. The latter represents the seven treasures of Buddhism, which symbolize connections between people.

すべての煩悩を打ち砕く輪

円を並べ、あるいは重ねて上下左右につないだ幾何学文様「七宝」。
円が四方に広がることから、「縁つなぎ」や「永続」を表す吉祥文様とされ、
その組み合わせ方から幾多の七宝文様が生まれ、親しまれてきました。

輪宝とは、もともとは古代インドの車輪形の武器のことで、
そこから一切の煩悩を打破する仏教法具となったと考えられています。

「輪宝七宝」は、円のなかに、打ち出の小槌や宝珠などをあしらった
「宝尽くし」文様を配することもあるのですが、
ぼくは、空洞の状態に品格を感じ、そのままで用いることを好みます。

京都・東山の雲龍院には、正確な真円を描いた「悟りの窓」があります。
その前に座ったとき、ぼくは「輪宝七宝」のことを思い起こしました。
禅における悟りの境地を表すという「悟りの窓」と「輪宝七宝」。
ふたつの真円は、その内側に空《くう》を抱くがゆえに、
その先を想像させ、ぼくたちを深い瞑想へと導いてくれるのでしょう。

《如意輪観音像》
頂法寺（六角堂）蔵
左手に輪宝を持つ
如意輪観音。写真は京都・
六角堂の御前立本尊。
厨子（ずし）の奥には秘仏の
本尊、如意輪観音が
安置されている。

緑の和紙に緑でうつしとった
「遠州輪違い」文様。輪が重なりあう
七宝文様を「輪違い」という。

元来、寺院などで用いられることの多かった
「輪宝七宝」文様。和紙の色によって
モダンな印象にも、渋めの印象にもなる。

花鳥立涌

Kachō-tatewaku

《 運気上昇、立身出世 》

Rise of good fortune, Success in life

立涌文様は水蒸気が立ち昇るさまを文様化したもの。
そこに、吉報を告げる鳥と花を組み合わせたのが花鳥立涌文様。

The *tatewaku* motif illustrates water vapour.
The *Kachō-tatewaku* pattern combines *tatewaku* with birds announcing felicitous news and flowers.

立ち上がり、湧き昇る

ゆらゆらと天に向かって湧き昇る水蒸気、
波状の縦線が向かい合いシンメトリーに繰り返されてゆく――。
「上昇」を意匠化したそのイメージから、
立涌は、運気を上げる文様として好まれてきました。

平安時代以降、この立涌文様の曲線がふくらんだところに、
雲や花、鳥などのモチーフが置かれるようになります。
そして、花鳥立涌、雲立涌、藤立涌、桜橘立涌など、さまざまな立涌文様が
公家の装束や調度に用いられ、特有の文様「有職文様」として
愛でられるようになったのです。

今でも、着物や帯の文様で多くの女性に好まれる立涌文様。
古《いにしえ》の人々は、何を願ってこの文様を身につけたのでしょうか。
上昇を望んだのは、家名か、はたまた己の立身出世か……。
何のために運気をあげたいのか、天はいつも見ています。

有職文様のひとつ「藤立涌」。藤の蔓を「立涌」に見立てた意匠で、エキゾチックな雰囲気をもつ。

剣唐花散らし

Ken-karahana-chirashi

《 繁栄、権威 》

Prosperity, Authority

「唐花」とは、異国から渡来した花のこと。
剣唐花散らしの名をもつこの文様は、ユリを思わせる花がモチーフ。

Karahana means “flowers imported
from foreign countries”.
This motif, *Ken-karahana*, uses a flower resembling a lily.

異国から届いた名もなき花

初めて見たとき、その異質さに目を奪われたのが「剣唐花」文様です。
大名の家紋などと近しいものも少なくない板木のなかで、
この文様は明らかに異彩を放っていたのです。

唐菓子《からがし》、唐傘、唐獅子、唐衣《からごろも》、唐紙、唐草、唐花……。
「唐」は中国の王朝の名ですが、昔の人はそこから転じて、
舶来の新奇なものに「唐」の字を冠して呼び習わしました。
つまり「唐花」とは、「異国から来た花」というくらいの呼び名なのです。

「剣」の名をもつこの唐花を見ると、
ぼくは、フランス王家の紋章「フルール・ド・リス（ユリ）」を思い出します。
ユリは、ギリシャ・ローマ神話では結婚・出産の女神ヘラ（ユノ）の聖花、
キリスト教では、純潔の象徴として聖母マリアの花とされました。
「剣唐花」文様の板木が彫られたのは、嘉永元年（1848）。
フランスでは二月革命が起こり、王制から第２共和制へと移行した年のことです。

小さな偶然の一致ですが、そこにぼくは、歴史の妙を感じるのです。

〈シャルトル大聖堂〉
フランス・ゴシック様式の最高峰といわれる
シャルトル大聖堂のステンドグラス。
青い花形に黄色で表された花「フルール・ド・リス」は、
この薔薇窓が王家に捧げられたものであることを示す。
Steve Vidler / アフロ

「唐花」の名で唐長に伝わる文様。
中国の神仙思想や仏教と
結びついて生まれたと考えられ、
日本でも奈良時代から見られる。

唐紙について

What is karakami?

唐紙のはじまり

人々の祈りを宿す美しい紙

唐紙は、その名のとおり、平安時代に遣唐使によって唐から伝えられたといわれています。その後、唐からの輸入が途絶えた平安中期以降に、同じような装飾紙を日本でつくるようになったのが、今も受け継がれている唐紙のはじまりです。

唐紙とは、胡粉や顔料などで美しく染めた和紙に、雲母《きら》や絵具で文様をうつしとったもので、現在の襖紙のように室内装飾に用いられるようになったのは、中世以降のこと。もともとは、文字を書くための美しい装飾紙「料紙」として用いられていました。このことは、唐紙のもつ呪術的な力を語るうえでとても重要なことです。「文字」には、古代の信仰や祈りの力が込められていますが、その「文字」とともに唐紙の歴史ははじまりました。和紙の上に、文字、そして同じく人々の祈りの力が込められた文様がうつしとられた唐紙は、写経や消息（手紙）として、人々の思いを運んだのです。

ふるい（写真奥）と呼ばれる道具で板木に色をのせて、うつしとる。

The origins of *karakami*

Beautiful paper infused with people's prayers

As the name suggests—*kara* 唐 means China and *kami* 紙 means paper— *karakami* is thought to have been brought back from China by Japanese envoys to the Tang Dynasty court during the Heian period, over 1,000 years ago. After the importation from China was discontinued at the end of the ninth century, the Japanese began to produce similar decorative papers.

This is the origin of today's *karakami*.

To make *karakami*, Japanese paper is finely coloured with *gofun*, or shell white, and other pigments. The motifs are then executed in mica and other paints. From the middle ages, this paper has been used as interior decoration; for example, the paper used in today's *fusuma* sliding doors is *karakami*. It was, however, originally an elegant decorated paper, called *ryōshi*, used for calligraphy, an important connection attesting to *karakami's* miraculous power. Written characters contain the faith and prayers of ancient people, and *karakami's* initial purpose was to preserve the written characters. *Karakami*, Japanese paper that has been covered with characters and motifs containing powers of people's prayers, therefore conveyed emotional content when used for handwritten sutras or letters.

Karachō

400 years of history

Karachō, is the sole remaining *karakami* shop from the Edo period, and established approximately 400 years ago. Overcoming numerous difficulties during its long history, the shop continues to preserve *karakami*, a thousand-year old art, to the present.

Karachō was founded in 1624, during the early Edo period. One of notable figures of this era was Hon'ami Kōetsu, who established an art colony in Takagamine, a region in Kyoto presented to him by the first Tokugawa shogun, Ieyasu. Here, he attempted to revive ancient court culture, and published *Sagabon*, a book that used

唐長の歩み

400年の歴史とともに

寛政3年（1791）の裏書きのある、
唐長最古の板木。

「唐長」は、約400年の歴史をもつ日本で唯一、江戸時代からつづいてきた唐紙屋です。長い歴史のなかで、いくつもの苦難を乗り越えて、千年の歴史をもつ唐紙を今に伝えています。

創業は寛永元年（1624）。徳川家康から京都・鷹ヶ峰の地を拝領し、芸術村を営んだという本阿弥光悦が、王朝文化の復興に尽力していた時代です。光悦は雲母摺りの唐紙を用いた『嵯峨本』を出版し、同時代に創建された桂離宮や二条城で唐紙が用いられるなど、唐紙が世に広まった時代でもありました。

唐長に伝わる古文書によれば、天保10年（1839）頃、京都には13軒の唐紙屋があったと記されています。しかし、その多くは明治維新前夜の騒乱で板木（文様を彫った木の型）を焼失し廃業に追い込まれてしまいました。明治以後に残った唐紙屋はわずか5軒だったといいます。その後の2度の世界大戦もくぐりぬけて、全国で唯一、今日までつづいてきたのが唐長なのです。

karakami colored with mica. *Karakami* was also used for to decorate the interiors of the newly-build Katsura Detached Palace and Nijō Castle. It was indeed the time when *karakami* became popular.

Documents preserved by Karachō indicate that by 1839, or the late Edo period, Kyoto had thirteen *karakami* stores. Most, however, were driven out of business as they lost their patterned woodblocks to fires that occurred during the riots immediately before the Meiji Restoration. After the Restoration, it appears only five *karakami* stores remained. With the difficulties induced by the two World Wars, the only *karakami* store to have survived to the present in Japan is Karachō.

Karakami as art

As a maverick *karakami* artisan

Karachō owns over 600 printing blocks, over half dating to the Edo period, that have been passed down from father to son. The previous generations risked their lives to protect these blocks during various wars and natural disasters. Whenever I see or touch one of these blocks, I cannot help but think, "This is miraculous!"

While continuing Karachō's tradition of beauty and culture, I am also working on several projects as an individual artisan as I reconsider the present and future of *karakami* culture. One project is creating works of art from *karakami*. As very few Japanese houses now have *fusuma* sliding doors, I hope that people will incorporate *karakami* art works into modern daily life, and appreciate them for their beauty. If "art" can be considered as a "universal language", this will allow me the opportunity to converse with people around the world.

Contemporary living spaces in Japan tend to have solid colors, and I am also trying to reunite the power of *karakami* and its motifs with living spaces. I do not mind if I am called heretical or even an "enfant

アートとしての唐紙

“異端の”唐紙師として

唐長には、先祖代々受け継がれてきた板木が600枚以上あります。その半数以上は江戸時代のもので、幾多の戦火や天災をくぐり抜け、先祖らが文字通り命がけで守り伝えた板木です。板木を見るたび、触れるたびにぼくは「奇跡の一枚だ」と思います。

唐長が守ってきた古《いにしえ》の美や文化を継承しつつ、ぼくは唐紙の「今」そして「これから」を見つめて、唐紙師としての活動をしています。そのひとつの手法が、唐紙による美術作品（アート）の制作です。襖のない家がめずらしくない現在、アートという新しいかたちで唐紙を生活に取り入れ、その美を愛でてもらいたいからです。そして、アートという世界の「共通言語」ならば、世界中の方と対話をすることができると考えたのです。

今、住まいの空間はどんどん無地になっています。ぼくはそこにもう一度、唐紙、そして文様の力を吹き込みたいと願っています。そのためには、“異端児”と呼ばれることも厭わず、いつか、KARAKAMIが世界共通言語になるその日まで、闘いつづけたいと思います。

アート作品の制作と並行して、
文化財の修復も手がける。
写真は養源院の
俵屋宗達《松図》修復のようす。

The future of *Karakami*

The beauty of *karakami* belongs to the world

terrible". I will continue my mission until *karakami* is a common term.
I breached the world of art as a *karakami* artisan in 2008.
Before that, *karakami* as art did not exist, and it was thus my challenge to transform the traditional values of Japanese society.
I heard all shades of public opinion, including,
"*Karakami* is not an art."
Still, in my ardent desire to spread the beauty and culture of *karakami*, I have adhered to my beliefs.
In 2014, I was fortunate to have my first solo exhibition at the Mitsuo Aida Museum in Tokyo. It was unprecedented for a *karakami* artisan to exhibit original art works rather than traditional *karakami* works in a museum. Nevertheless, given the many people attending the show, I was convinced that I had chosen the best way for the development of my art.
In the solo show, I provided visitors with the opportunity to try an original coloring technique called *shifuku-zuri**.
(You can see one of my *shifuku-zuri* works on the following page.)
I made it, as well as all of my other works,
with but one thought in mind:
"I hope to bring true happiness through *karakami*
to as many people as possible."

⋆ *shifuku-zuri*
Shifuku-zuri is a finger coloring technique developed by Akihiko Toto, and is the fusion of Western pointillism and tarashikomi, an Eastern technique in which colors are dripped into wet ink. Using the ball of the fingers, color is applied to Japanese paper through interfusing and repeatedly applying paints. Two different sets of Chinese characters can be used for the word *shifuku*. The first one 指腹 indicated the ball of the fingers, while the second one 至福 means bliss. It is a fitting name as Akihiko Toto's hopes to bring happiness to people. Tadahito Tsutsui from the Agency for Cultural Affairs of Japan graciously provided the name for this technique.

唐紙のこれから

唐紙の美を世界へ

ぼくが唐紙師としてアートの道を切り拓いたのは2008年のことでした。それ以前はアートとしての唐紙は存在せず、まさに価値の転換を図った訳ですが、じつにさまざまな声がありました。唐紙はアートではない、と言われることもありました。それでも、唐紙の美と文化を世界に広めたい、その一心で自分の信じる道を貫いてきました。

そして2014年、東京の相田みつを美術館で、初めての個展を開く機会に恵まれました。唐紙師がアート作品を創作し、美術館で展覧会を開くのは唐紙の歴史において前人未到のことでしたが、多くの方が足を運んでくださったことで、ぼくは自らの選んだ道が誤りでなかったことを再確認することができました。

右頁に掲載したのは、その個展の際に、入館者の方に体験していただいた「しふく刷り*」をもとに完成させた作品です。ここに、ぼくがどの作品にも願うひとつの思いを込めました。

唐紙を通じてひとりでも多くの人がしあわせになりますように――。

*しふく刷り／指を用いた染めの技法。
東洋の「たらし込み」と西洋の「点描」、
ふたつの技法を融合させて
トトアキヒコが編み出した技法。
指の腹を用いて、色を滲ませ、重ねながら
和紙を染めていく。「指腹(しふく)」は
その音が「至福」に通じることから、唐紙で
人々にしあわせを届けたいと願うトトアキヒコの
活動と重ねあわせて名付けられた。
命名は文化庁の筒井忠仁氏。

唐長の歴史391年の「今」を描いた作品
《shi-fuku（未完の美）》。数千人の人々の祈りが
込められた"気配のある"唐紙。

おわりに

唐紙師として、ぼくにはふたつの天命があります。
ひとつは、文様の起源を呼び醒ますこと。
文様には意味や物語がある、とぼくが話をしはじめたのは数年前のことです。
唐紙の長い歴史において、唐紙がもつ
呪術的な力について語られたことはなかったと思います。

もうひとつは、東の果てのこの地から、
唐紙を通じてメッセージを発信する役目をぼくが担うことでしょう。
八《や》百《お》万《よろず》の神を感じ、自然を愛で、
多様性を受け入れながら進歩してきた日本の豊かな心は、
世界に安らぎを与えるものになると思います。
ぼくは、唐紙の文化を伝えることが、
世界の人々のしあわせにつながるのだと信じています。

文様には、人をしあわせにする祈りの力があるのです。

最後に、この本を世に出すことができたことを、ご先祖さまに心から感謝します。
モノも文化も、思いがそこに宿り、物語が紡がれることによって残ってゆきます。
その物語をどう紡ぐのかは、今を生きる人間次第です。

伝統とは常に「今」。

今、このときこそが、全ての未来へとつながり、全ての過去につながり400年もの間、
唐長の唐紙を愛してくれた人たちの魂とともに、ぼくの背に宿っています。

命と命をつないできたこの素晴らしい唐紙文化を
美しい文様とともに次世代へと伝えてゆきたいと思います。

Conclusion

As a *karakami* artisan, I have been given two mandates.

The first is to awaken the origins of traditional motifs.
A few years ago, I started explaining that each motif has own meaning and story.
I suspect that until then, no-one had ever spoken
about *karakami's* miraculous power in its entire extensive history.

The second mandate is to shoulder the role of transmitting messages from this land at the end
of the Far East around the globe through *karakami* works.
The spiritual riches of Japan that developed through an affinity with the myriad gods of this land,
a deep love of nature, and an acceptance of diversity,
will convey peace and comfort to people throughout the world.
I believe that conveying *karakami* culture will instill happiness around the globe.
The power of prayer that traditional motifs possess will trigger happiness in people.

Lastly, I believe that the opportunity to publish this book is a gift from my ancestors,
and I would like to express my heartfelt gratitude to them.
Products and cultures survive only when there are people who weave tales from
the emotions embedded within both.
Today's generation is responsible for how the tales of the moment are to be woven.

Tradition is indeed the eternal “now”.

The present, this wondrous immediate now, links all things to the future and the past.
The spirits of all those who have loved Karachō's *karakami*
over the past 400 years hover in my mind.

I hope to pass on this amazing *karakami* culture, which weaves and binds the invaluable spirits of
our ancestors with ours, and its beautiful motifs to the next generation.

雲母唐長

KIRA KARACHO

創業1624年より日本で唯一途絶えずに11代続く唐紙屋「唐長」トトアキヒコと千田愛子のプロデュースによる、次世代を担う唐長を継承するブランド。唐紙の美を広く世界に伝えると同時に、紙という枠にとらわれず、ときに異業界とのコラボレーションによって新しいプロダクツを発表し続けている。「文様と色の美を通じて人々の暮らしを豊かに」をコンセプトにした、クオリティの高いものづくりも注目を得ている。 https://kirakaracho.jp

アトリエ　雲母唐長
ATELIER KIRA KARACHO
京都・嵯峨の某所（住所非公開）
アトリエ予約確定後、住所をお伝えいたします。
完全予約制
予約問い合わせ／info@kirakaracho.jp
定休日／火曜・日曜・祝日（不定休あり）
Tel　075-873-2565

直営店 雲母唐長 KIRA KARACHO 四条店
〒600-8411
京都市下京区水銀屋町620ココン烏丸1階
営業時間／11:00-19:00
定休日／火曜日
Tel　075-353-5885

トトアキヒコ　Akihiko Toto

唐長の唐紙師。「唐長」の伝統を継承しつつ、現代アートとしての唐紙の世界を築き上げた、唐紙界の異端児。伝統的な襖や屏風のほか、壁紙やパネル、ランプなど現代の暮らしに合うさまざまな唐紙のオーダーをアトリエにて受け、制作。同時に、唐紙の芸術性を追究し、「しふく(Shifuku)刷り」をはじめとする独自の技法を用いたアート作品も手がけている。2010年、MIHO MUSEUMに《inochi》が展示されると、史上初のミュージアム・ピースとなった唐紙として話題を集め、2014年には、東京・相田みつを美術館で展覧会も開催された。また、2010年、《星に願いを》を奉納した名刹・養源院をはじめ、三十三間堂本坊 妙法院門跡、名勝・無鄰菴、護王神社など全国の寺社仏閣、公共・商業施設、個人邸宅など、さまざまな場所に作品を納め続けている。2018年、百年後の京都に宝(心)を遺す文化プロジェクトを提唱し、「平成の百文様プロジェクト」主宰。江戸時代より先祖代々受け継いできた600枚を超える板木に加える新たな100枚として、唐長の新しい歴史を担う。共著に、『相田みつを&雲母唐長 幸運を贈るポストカードBookしあわせ』(ダイヤモンド社)がある。

日《にっ》本《ぽん》の文《もん》様《よう》ものがたり

京都《きょうと》「唐長《からちょう》」の唐紙《からかみ》で知《し》る

発行日　2015年 9 月24日　第1刷発行

　　　　2021年 6 月 4 日　第4刷発行

著者　トトアキヒコ

発行者　鈴木章一

発行所　株式会社 講談社

〒112-8001 東京都文京区音羽2-12-21

電話／編集 03-5395-3560

販売 03-5395-4415

業務 03-5395-3615

印刷所　株式会社東京印書館

製本所　大口製本印刷株式会社

アートディレクション　櫻井 久

デザイン　中川あゆみ（櫻井事務所）

撮影　トトアキヒコ、伊藤泰寛（講談社写真部）

翻訳　鮫島圭代、Philip Flavin

編集協力　久保恵子

ISBN978-4-06-219711-3

KODANSHA